Notice historique

SUR LA

MAISON DE MONTHOLON

AIX
IMPRIMERIE J. NICOT, RUE DU LOUVRE, 16
1898

Notice historique

SUR LA

MAISON DE MONTHOLON

AIX

IMPRIMERIE J. NICOT, RUE DU LOUVRE, 16

1898

Notice historique

SUR LA

MAISON DE MONTHOLON

Cette maison qualifiée par Chérin « d'illustre famille du royaume de France, hauts et puissants seigneurs en 1100 » ; « si féconde en grands hommes » ajoute Moréri, tire son nom d'un bourg (*Mons Tolomnis*) situé près d'Autun, en Bourgogne. On y rencontre un nombre considérable de personnages d'un mérite distingué, élevés aux premières dignités dans les trois grands ordres de l'Etat : l'armée, la magistrature, le clergé. Leurs armoiries (d'azur au bélier passant d'argent, surmonté de trois roses d'or posées en chef,) sont dans la salle des Croisades au château de Versailles.

CHÉRIN : *Histoire des grands officiers de la Couronne.*

MORÉRI : *Le grand Dictionnaire historique*, tome VII, page 728.

XIIe Siècle

Jacques, seigneur de Montholon, fait une donation à la cathédrale d'Autun en 1115. Sa sœur Anne était abbesse de Compiègne en 1120.

LADONE : *Antiquités de la ville d'Autun* (*1640*), page 28.

Jean de MONTHOLON, tué pendant la troisième croisade au siège d'Ascalon en 1189, avait été créé comte de Lee et baron de Brion par le roi d'Angleterre Richard Cœur-de-Lion, pour services rendus à sa royale personne pendant le siège. Il figure dans un tableau des galeries du palais de Versailles.

Greffe de la Cour des Comptes : 2me Division ; Archives, n° 2,900.
Archives de Malte.

XIIIe Siècle

Jacques de Montholon fait une donation à la cathédrale d'Autun en 1215.

Philibert GAGNARE : *Histoire de l'Eglise d'Autun* (*1774*), page 227.

XIVe Siècle

Blanchard : *Les Présidents à mortier du Parlement de Paris* (1647), page 166.

Guillaume de Montholon vivait en 1326, ainsi qu'il résulte d'une taille imposée à ses tenanciers de Pluvyeron. Sa fille Rolande épousa en 1329 François de Villeneuve-Trans, petit-fils de Romée de Villeneuve, ministre de Raymond Béienger, comte de Provence.

Greffe de la Cour des Comptes : 2me Division ; Archives, n° 2,900.

Guillaume de MONTHOLON (fils puiné du précédent) fut créé cardinal de Saint-Etienne *in Cœlio monte* par le pape Clément VI en 1350. Le 11 mars 1351 il fonda deux messes par semaine en la chapelle de Saint-Benoît dans l'église de l'abbaye d'Ainay à Lyon ; il mourut à Rome en 1355. — La naïve épitaphe consacrée à son frère Jean, dans la cathédrale d'Autun nous a été conservée.

Courtépée : *Description générale du duché de Bourgogne*, tome III, page 437.

Paradin : *Annales de Bourgogne* (1566, à Lyon, chez Gryphius), page 395.

Jean de Montholon fut secrétaire d'Etat des ducs de Bourgogne Philippe le Hardi et Jean sans Peur. « En 1383 vivoit aussi cet insigne docteur en théologie de la noble lignée des Montholon, dont sont issus (comme d'un cheval de Troye) infinis nobles esprits congneus par tant de bons offices faicts haultement en ceste république de France. »

XVe Siècle

Blanchard : *Les Présidents à mortier du Parlement de Paris* (1647), page 167.

Tristan de MONTHOLON commandait la cavalerie des ducs de Bourgogne en 1415 à la bataille d'Azincourt où il fut tué à côté du duc de Brabant et du comte de Nevers, frères puinés du duc Jean sans Peur.

Pierre de Montholon (son second fils), chanoine en l'église d'Autun, y fit une fondation en 1422.

Archives de Malte.

Jean de Montholon épousa, en 1441, Anne d'Aubusson, sœur de messire Pierre d'Aubusson, grand-maître de l'ordre de Saint-Jean de Jérusalem. Il eut pour fils Estienne de Montholon qui suit.

Estienne de Montholon (petit-fils de Tristan) épousa Marie de Ganay, tante de messire Jean de Ganay, premier président au Parlement de Paris puis chancelier de France (de 1507 à 1512) sous Louis XII, et sœur de messire Germain de Ganay, évêque d'Orléans.

CHARLES DE MONTHOLON, son frère, rendit de grands services à l'ordre de Saint-Jean de Jérusalem sous les ordres de son oncle maternel le grand-maître Pierre d'Aubusson, pendant le siège de Rhodes en 1480.

VERTOT : *Histoire des Chevaliers de Saint-Jean de Jérusalem*, tome III, page 79.

XVIe Siècle

FRANÇOIS (Ier du nom) DE MONTHOLON (petit-fils d'Estienne), chevalier seigneur du Vivier, d'Aubervilliers et autres lieux, président au Parlement de Paris, *Garde des Sceaux de France* et de Bretagne, naquit à Autun en 1490. Il plaida pour Charles de Bourbon, connétable de France, contre Louise de Savoie, mère du roi, en 1522. Sur la demande faite à son insu, par le connétable Anne de Montmorency, il fut nommé avocat général dix ans plus tard. Par lettres patentes données à Lyon le 9 août 1542, François Ier l'établit garde des Sceaux en remplacement du chancelier Poyet disgracié. Le roi lui ayant fait don des 200.000 livres d'amende auxquelles il avait condamné les Rochellois révoltés contre la gabelle, cet intègre magistrat laissa cette somme, immense pour le temps, aux mains des habitants pour qu'elle soit employée à construire et doter un Hôtel-Dieu en cette ville : ce qui fut fait. Il mourut à Villers-Cotterets (où il avait accompagné le roi) le 12 juin 1543, et fut enseveli dans l'église Saint-André des Arts, à Paris. Ce magistrat était, selon Mezerai, « d'une probité rare et qui a toujours été héréditaire dans la famille. »

BLANCHARD : *Les Présidents à mortier du Parlement de Paris* (*1647*), pages 159 et suivantes.

Le Père ANSELME : *Histoire généalogique de la maison de France* (*1733*), tome VI, page 472.

Nicolas de Montholon (son premier frère cadet), lieutenant général au baillage d'Autun fit une fondation à la cathédrale en 1521 en mémoire de leurs père, aïeul et bisaïeul, tous qualifiés nobles.

Jean de Montholon (son second frère cadet) fut docteur en droit à 22 ans, puis chanoine à Saint-Victor à Paris. Son mérite le fit nommer cardi-

MORÉRI : *Le grand Dictionnaire historique*, tome VII, page 730.

Philibert Gagnare : *Histoire de l'Eglise d'Autun* (1774), page 548.

nal, mais il mourut en 1551. Son *Promptuarium divini juris et utriusque humani*, espèce de dictionnaire des matières de droit, a été imprimé en 1520 par Henry Estienne en 2 volumes in-folio.

Guillaume de Montholon (son troisième frère cadet mais consanguin) devint avocat général au Parlement de Dijon et mourut en 1540. — Les deux fils dudit Guillaume furent aussi d'éminents magistrats. L'aîné Guillaume de Montholon fut président au Parlement de Dijon et mourut en 1583. Le puîné, Nicolas de Montholon, devint second président au même Parlement et mourut en 1603.

Blanchard : *Les Présidents à mortier du Parlement de Paris* (1647), page 172 et suivantes.

Le Père Anselme, ouvrage cité, tome VI, page 519.

François (IIme du nom) de MONTHOLON, *Garde des Sceaux de France*, comme l'avait été son père (ce qui est un exemple unique en notre histoire) naquit en 1518 et pendant de longues années fut un avocat renommé et très consulté. Lors de la retraite de Philippe Hurault, comte de Chiverny, le roi Henri III le nomma garde des Sceaux par lettres patentes données à Blois le 9 septembre 1588. En requérant leur enregistrement à l'audience de la Grand' Chambre, le 29 novembre 1588, l'avocat général Antoine Séguier commença ainsi : « Qu'il faut prendre les lettres présentement lues pour une déclaration et protestation publique que le Roy fait cejourdhuy en son parlement. et généralement à tous les subjets de son royaume, de vouloir doresenavant *honorer les charges par les hommes* et non les hommes par les charges... » Il termina par ces mots : « Rencontrant en luy toutes les parties qui rendent le choix du Roy plus recommandable, nous adhérons à la publication requise et persistons en nos conclusions *cum illo elogio* : Gallicus Aristides. »

Le roi Henri IV, en arrivant à la couronne, lui écrivit la lettre suivante :

Blanchard : Ouvrage cité, page 175.

« Monsieur le Garde des Sceaux, vous aurez entendu la malheureuse entreprise qui fut faite hier matin sur la vie du feu Roy mon seigneur et frère, par un Jacobin introduit de bonne foi pour la révérence de son habit à luy parler en sa chambre où il lui donna un coup de cousteau dans le ventre, qui ne monstroit apparence de danger au premier appareil ni tout le long de la journée, ni que sa mort dût suivre de si près un si mal-heureux coup, comme elle a fait ce matin environ les deux heures après minuit. Mais puisque Dieu, qui conduit toutes choses par sa providence, en a voulu disposer et m'appeler en son lieu à la succession de cette couronne, la même loy et la même prud'ho'nie qui vous ont contenu en la fidélité que vous avez gardée au feu Roy jusque à sa mort et qui l'ont incité à se servir de vous en la charge honorable qu'il vous a mise entre les mains, promettent de vous la mesme loyauté à moy votre Roy légitime et naturel par les loix de la France, plein de vie, grâces à Dieu, et de volonté, non seulement de vous conserver en la religion catholique apostolique et romaine sans y changer autre chose, mais aussi (de) vous maintenir en tous vos droits et privilèges accoutumés et (de) vous gratifier en tout ce que je pourrai selon le mérite de votre loyauté. Continuez donc je vous prie l'exercice de votre charge comme vous avez accoustumé, cependant que j'essayerai par l'advis et conseils de tous les princes, officiers de la couronne et autres seigneurs de cette armée lesquels tous m'ont juré la fidélité que justement ils me doivent, de donner le meilleur ordre qu'il me sera possible à ce qui sera de la conservation de cet Estat, selon la confiance que j'ai en vous, et croyez que vous me trouverez toujours vostre bon Roy qui prie Dieu qu'il vous ait, Monsieur le Garde des Sceaux, en sa sainte garde. Au camp de Saint-Cloud, le deuxiesme jour d'aoust 1589. Signé : HENRY, et plus bas Rusé. » Et sur le dos il y a : « A Monsieur de Montholon, Garde des Sceaux de France. »

Son âge lui servit de légitime excuse à un si glorieux commandement avec laquelle il renvoya les sceaux au roi. Il mourut à Tours l'année suivante (1590) et fut enseveli dans l'église Saint-André des Arts à Paris.

BLANCHARD : Ouvrage cité, page 176.

Pierre de Montholon, docteur en théologie, professeur public en Sorbonne, chanoine de Laon, mourut en 1596.

XVIIe Siècle

BLANCHARD : Ouvrage cité, page 177.

Jacques de Montholon, avocat au Parlement, plaida en 1611 pour les Jésuites contre l'Université, publia un recueil d'arrêts solennels du Parlement de Paris plusieurs fois réimprimés, mourut en 1622. Il eut pour nièce sainte Jeanne de Chantal (grand' mère de Mme de Sévigné) morte en 1647 et canonisée en 1767.

François (IIIme du nom) de Montholon, conseiller d'Etat sous les rois Henri III, Henri IV et Louis XIII, fit une fondation pour les prêtres de l'oratoire à Notre-Dame des Vertus, près Paris ; il mourut en 1626.

BLANCHARD : Ouvrage cité, page 181.

MUNIER : *Recherches servant à l'histoire d'Autun (1660)*, page 62.

GUILLAUME DE MONTHOLON, président à mortier au Parlement de Dijon (comme l'avaient été son père et son oncle ci-dessus cités), puis conseiller d'Etat, fut ambassadeur extraordinaire de France près les ligues des Suisses et Grisons. Le titre de marquis lui fut conféré par le roi Louis XIII ; il mourut à Lucerne le 3 juillet 1621. Son cœur est déposé dans la cathédrale de Soleure.

CATHERINE DE MONTHOLON, seconde fille du garde des sceaux François II de Montholon, naquit en 1568 et fut mariée en 1597 à René Lebeau, seigneur de Sanzelles, maître des requêtes. La mort de son mari l'entraina au couvent des Ursulines de Dijon. Devenue fondatrice en y établissant (avec l'autorisation du Souverain Pontife) le régime de la clôture, elle mourut le 29 avril 1650 en odeur de sainteté. Sa vie a été écrite en 1653 par son confesseur le Père François Senault, prêtre de l'oratoire de Jésus ;

Exemplaire dans la bibliothèque administrative des *Archives départementales du Doubs.*

un bref ultérieur du Pape lui décerna le titre de « bienheureuse » pour l'édification des fidèles.

Jean de Montholon, conseiller d'Etat, mourut en 1632.

François (IVme du nom) de Montholon, conseiller d'Etat, mourut en 1679.

Charles-François de Montholon fut premier président du Parlement de Rouen en 1691 et mourut en 1701 à l'âge de 52 ans.

La postérité de Jérome de MONTHOLON, seigneur de Perrousseaux et de Cuterelles, second fils de François Ier de Montholon, garde des sceaux, a seule perpétué cette noble maison jusqu'à nos jours. Successivement conseiller au Parlement de Paris, conseiller d'Etat, puis intendant de justice à Orléans, il mourut en 1618.

Blanchard : Ouvrage cité, page 179.

Le troisième de ses petits-fils (tous magistrats) Mathieu (Ier du nom) de MONTHOLON, mourut en 1720 doyen des conseillers au Châtelet, siège de la justice royale ordinaire et des juridictions de la prévôté et vicomté de Paris. — Pierre de Montholon, officier de marine et 4me fils de Mathieu Ier, fut l'auteur d'une branche collatérale.

Moréri : *Le grand Dictionnaire historique*, tome VII, page 729.

XVIIIe Siècle

De lui naquit Mathieu (IIme du nom) de MONTHOLON, conseiller au grand Conseil, premier président du Parlement de Navarre, puis du Parlement de Metz : Ses neveux furent : François de Montholon, procureur général en la Chambre des Comptes de Paris ; Nicolas de Montholon, premier président du Parlement de Metz, après son oncle.

Greffe de la Cour des Comptes, 2me Division, Archives n° 2,990.

Ministère de la Guerre. Service intérieur. Archives administratives, 3me bureau.

De son fils Mathieu (IIIme du nom) de Montholon, né en 1715, conseiller au Parlement de Metz, naquit le suivant :

Le Père Anselme : *Histoire généalogique (1733)*, tome VI, page 478.

Mathieu (IVme du nom) de MONTHOLON, marquis de Montholon, comte de Lee et baron de Brion, mestre de camp commandant le régiment de Penthièvre-dragons, premier veneur de *Monsieur*, comte de Provence, frère du roi Louis XVI, marié le 2 juin 1773 à Angélique-Aimée de Rostaing, fille de Louis-Joseph, comte de Rostaing, lieutenant-général des armées, cordon rouge, gouverneur de Besançon, et de Marie-Anne de Lur-Saluces, dont il eut deux fils et deux filles qui suivent :

XIXe Siècle

(Voir note finale.)

1° Charles-Tristan, comte et marquis de Montholon, marquis de Semonville, comte de Lee, baron de Brion. Il fut créé par l'Empereur Napoléon, après les campagnes d'Italie, Allemagne et Pologne, successivement duc de Castel-Volturno, titre dont on n'a pas retrouvé l'enregistrement, puis comte de l'empire, baron de Hartz (Westphalie), comte de Lowitz (Pologne), avec dotations.

Né le 21 juillet 1783 à Paris, attaché au grand état-major, etc., etc., détaché en 1812, en mission diplomatique auprès du grand duc de Wurtzbourg, élevé au grade de lieutenant-général par l'empereur, sous les Cent-Jours, le 15 juin 1815.

Note manuscrite des Archives du Ministère de la Guerre.

Le général suivit l'Empereur à Sainte-Hélène et fut son premier exécuteur testamentaire.

Le général partagea la captivité de l'empereur Napoléon III à la citadelle de Ham et n'en sortit qu'en 1848.

Député de la Charente-Inférieure, des raisons de santé l'obligèrent à se retirer de la vie publique et il mourut à Paris le 25 août 1853.

Paroisse de l'église de Chaillot.

De son mariage avec Albine-Hélène de Vassal, juillet 1812, il eut :

1° Tristan, né en 1813, tué en Algérie au passage de l'Atlas, 22 septembre 1832 ;

2° Charles Frédéric, marquis de Montholon, marquis de Semonville, comte de Lee, baron de Brion, grand croix de la légion d'honneur, etc., etc., né le 28 novembre 1814 à Paris, envoyé extraordinaire et ministre plénipotentiaire puis sénateur, décédé à Rouen en 1886, dont postérité de son mariage avec Victoria Gratiot, fille du général Gratiot, ministre de la guerre à Washington (Etats-Unis) ;

3° Napoléone de Montholon Semonville, née à Sainte-Hélène, épouse en premières noces le vicomte du Couëdic de Kergoaler, capitaine de corvette, petit-fils de l'illustre commandant de la frégate la *Surveillante* (combat devant Ouessant, 7 octobre 1779), dont postérité, et en secondes noces le comte de Lapeyrouse de Bonfils, lieutenant de vaisseau, puis successivement préfet de l'Ain, de la Haute-Marne et du Doubs, décédé le 30 mai 1895, dont postérité :

4° Joséphine, née à Sainte-Hélène, morte en bas-âge.

De son second mariage avec Jane Caroline O'Hara, le général a eu :

Tristan, comte de Montholon, ambassadeur de France à Berne (Suisse), marié à Pauline d'Ostianni, fille du comte Fé d'Ostianni, ambassadeur et sénateur du royaume d'Italie.

Descendance du marquis de Montholon, sénateur, dont l'article précède.

1° Albine, mariée à Roger Arago, lieutenant de vaisseau dont postérité ;

2° Julia, mariée au général de division Edmond Garcine, dont postérité ;

3° Yolande, morte en bas-âge :

4° Charles, chef d'escadrons, chevalier de la légion d'honneur, décédé en 1893. Avait épousé Anne Marcotte de Quivière, dont :

Jean, marquis de Montholon, etc., etc., chef de nom et d'armes de la branche aînée ;

François ;

Alice.

DEUXIÈME BRANCHE

Frère du général

Louis-Désiré, marquis de Montholon Semonville, gentilhomme ordinaire du roi Louis XVIII et de Charles X, né en 1786. Créé prince d'Ombriano del Percetto. Marié à Henriette de Lacourt, dont :

1° Alphonse, marquis de Montholon Semonville, prince d'Ombriano del Percetto, page du roi, capitaine d'état-major, marié à Sidonie de Moreton Chabrillant, fille du comte de Moreton Chabrillant et de Sidonie de Choiseul ; dont François, marquis de Montholon Semonville, prince d'Ombriano del Percetto, marié à Léonie Huc, fille du baron Huc et de ***, décédés, veuve en premières noces du comte Philibert de Moreton Chabrillant ;

2° Francis, comte de Montholon Semonville, capitaine de chasseurs, décédé sans postérité.

Sœurs du général de Montholon :

1° Marie épouse le comte de Sparre, lieutenant-général, pair de France, dont postérité ;

2° Zéphirine, veuve en premières noces de l'illustre général Joubert, épouse en deuxièmes noces le maréchal Macdonald, duc de Tarente, dont postérité.

Note finale :

La marquise de Montholon, née de Rostaing, épousa, en secondes noces, le vicomte Huguet de Montaran, marquis de Semonville, conseiller au Parlement puis grand référendaire de la Chambre de Paris sous la Restauration et la monarchie de juillet. N'en ayant pas eu d'enfants, il adopta les deux fils de sa femme, Charles Tristan et Désiré Louis, à condition qu'ils joindraient le nom de Semonville à celui de Montholon.

RÉSUMÉ

La Maison de Montholon a fourni

Dans l'armée :

Deux chevaliers croisés, des commandants des galères de Malte, des chevaliers de Malte, des généraux et ambassadeurs ;

Dans la magistrature :

Deux chanceliers de France et de Bretagne, sept premiers présidents et nombre de conseillers et procureurs généraux, tous magistrats renommés par leur savoir et leur vertu ;

Dans l'Eglise :

Deux cardinaux, deux évêques et nombre de théologiens, religieux renommés par leurs vertus, abbesses et religieuses, dont la bienheureuse Catherine de Montholon, fondatrice des Ursulines de Dijon.

Aix-en-Provence, 15 Juin 1898.

HENRI JACQMIN,
Archiviste-adjoint des Bouches-du-Rhône.

GREFFE

—

2me *division, Archives*

—

N° 2900

—

RÉCEPTION
du
Sieur De MONTHOLON
en l'office de
Procureur Général
en la Chambre des Comptes
de Paris

Au nombre des documents provenant de l'ancienne Chambre des Comptes de Paris et déposés dans les archives de la Cour, on trouve, minutes mémorial, vol. 59, à la date d'enregistrement du 21 janvier 1769, les lettres patentes dont la teneur suit :

Louis, par la grâce de Dieu, roi de France et de Navarre, à tous ceux qui ces présentes verront, Salut :

L'Etat et office de notre conseiller en nos conseils, notre Procureur Général en notre Chambre des Comptes de Paris se trouvant vacant par la démission volontaire qu'en a fait entre nos mains, notre amé et féal le sieur Michel Bouvard de Fourqueux, actuellement notre conseiller d'Etat, nous en avons accordé l'agrément à notre amé et féal le sieur François de Montholon, ci-devant notre conseiller en notre Cour de Parlement de Metz, et actuellement notre conseiller en nos conseils, Maitre des Requêtes ordinaire de notre hôtel, persuadé que nous sommes qu'il en remplira dignement les fonctions, voulant à cet effet lui donner des marques de la satisfaction que nous avons de ses services personnels dans les fonctions desdits offices, que nous espérons qu'il nous continuera avec fidélité et affection, désirant, en outre, récompenser dans sa personne les services importants qui ont été rendus aux Rois nos prédécesseurs, dans les trois principaux ordres de l'Etat, savoir : Dans l'église, par Guillaume de Montholon fait cardinal en 1458. Dans l'épée (1) par Tristan de Montholon, commandant la cavalerie du Duc de Bourgogne, tué à la bataille d'Azincourt en 1415, et Jean de Montholon, chevalier de l'Ordre de Saint-Jean de Jérusalem tué sur la brèche au siège de Rhodes, fait par Mahomet II, et dans les places les plus éminentes de la magistrature par un très grand nombre de ses ancêtres, notamment par les sieurs François de Montholon père et fils, gardes des Sceaux de France, le premier en 1542, le second en 1590 ; Guillaume de Montholon, successivement Président à Mortier au parlement de Dijon, conseiller d'Etat et ambassadeur en

(1) Une vieille chronique Anglaise fait mention d'un Jean de Montholon, commandant les chevaliers de Bourgogne au siège d'Ascalon en 1159, et qui fut à cette occasion créé baron de Brion, et comte de Lée, par le Roi Richard d'Angleterre en reconnaissance de grands services rendus à sa Royale personne, pendant la bataille.

Suisse, Charles François de Montholon, premier Président du Parlement de Normandie en 1691, comme aussi témoigner audit sieur François de Montholon, combien nous sommes satisfaits des services qui nous ont été personnellement rendus, tant par ledit sieur Mathieu de Montholon son oncle dans la charge de conseiller au Grand Conseil, et depuis dans celle de premier Président du Parlement de Navarre et de premier Président du Parlement de Metz, qu'il a exercées pendant plus de quarante années avec distinction, que par le sieur Nicolas de Montholon, son frère, ci-devant conseiller au Parlement de Paris, et actuellement premier Président de notre Parlement de Metz, et autre François de Montholon, aussi son frère, prêtre doyen du chapitre de la Cathédrale de Metz, et notre conseiller d'honneur audit Parlement de Metz. Pour ces causes et autres à ce nous mouvans, nous avons audit sieur François de Montholon, donné et octroyé, donnons et octroyons par ces présentes signées de notre main, l'Etat et office de notre conseiller en nos conseils, Procureur Général en notre Chambre des Comptes à Paris, dont il a payé en nos revenus casuels le droit de survivance, en exécution de l'édit du mois de décembre 1709 et de notre déclaration du 9 août 1722, que tenait et exerçait ledit sieur Michel Bouvard de Fouqueux, lequel s'en est démis en nos mains en sa faveur, par acte du vingt-deux du présent mois, pour ledit état et office, avoir, tenir et dorénavant exercer, en jouir et en user par ledit sieur de Montholon audit titre de survivance et aux honneurs, pouvoirs, libertés, fonctions, autorités, privilèges, exemptions, franchises, immunités, prérogatives, prééminences, rang, séances, gages, pensions, chauffage, épices, droits, fruits, profits, revenus et émolumens audit office appartenant, tels et semblables qu'en a joui ou dû jouir ledit sieur Bouvard de Fouqueux, et qu'en jouissent ou doivent jouir les autres pourvus de pareils offices, à condition toutefois que ledit sieur de Montholon ait atteint l'âge de trente ans accomplis, requis par lesdites ordonnances, suivant son extrait baptistaire du dix huit juin mil sept cent trente-huit, énoncé en ses provisions de maître des Requêtes ci-dessus dites, et qu'il n'ait dans le nombre des officiers de notredite Chambre des Comptes aucuns parens ni alliés aux degrés prohibés par nos ordonnances, ainsi qu'il est justifié par certificat ci-avec lesdites provisions de maître des Requêtes ordinaire de notre hôtel, ledit acte de résignation et autres pièces attachées sous le contre scel de notre Chancellerie, le tout à peine de perte dudit office, nullité des présents et de sa réception.

S'y donnons en mandement à nos amés et féaux Conseils, les gens tenant notre Chambre des Comptes à Paris, que leur étant apparu de bonnes vie et mœurs, âge susdit de trente ans accomplis, conversation et religion Catholique Apostolique et Romaine dudit sieur de Montholon et ayant de lui pris et reçu le serment requis et accoutumé, ils le reçoivent, mettent et instituent, de par nous, en possession dudit office, l'en faisant jouir et user pleinement et paisiblement aux honneurs, pouvoirs, libertés, fonctions, autorités, privilèges, droits, exemptions, franchises, immunités, prérogatives, prééminences, rang, séance, gages, pensions, chauffage, épices, fruits, profits, revenus et émolumens susdits, et y appartenant, et lui fassent obéir et entendre de tous ceux et ainsi qu'il appartiendra, et choses concernant ledit office, et, en outre, de lui faire payer par le Garde de notre trésor Royal et par les receveurs et payeurs des gages et des officiers de notre Chambre des Comptes, lesdits gages, pensions et droits audit état et office appartenant, par chacun an aux termes et en la manière accoutumés, en rapportant copie des présentes et de sa réception dûment collationnée pour une fois seulement avec quittances de lui sur ce suffisantes, nous voulons lesdits gages, pensions et droits être passés et alloués en la dépense des comptes de ceux qui en auront fait le paiement par nos amés et féaux conseillers lesdits gens de nos comptes, auxquels mandons ainsi le faire sans difficulté. Car tel est notre plaisir. En témoin de quoi nous avons fait mettre notre scel à ces présentes.

Donné à Versailles, le trente-unième jour de décembre, l'an de grâce mil sept cent soixante-huit et de notre règne le cinquante-quatrième.

Signé : **LOUIS.**

Et sur le repli : par le Roi. PHILIPPEAUX. Et scellées du grand sceau de cire jaune.

Et sur ledit repli est encore écrit : ledit M. François de Montholon, a été reçu en l'office de conseiller du Roi en ses conseils, son Procureur Général en sa Chambre des Comptes de Paris, mentionné en ces présentes et d'icelui fait et prêté le serment en tel cas requis et accoutumé en la Chambre des Comptes, ouï le Procureur Général du Roi, information préalablement faite sur sa vie, mœurs, âge et religion Catholique Apostolique et Romaine, par l'un des conseillers maîtres ordinaires en ladite Chambre à ce commis, après qu'il a fait les affirmation et soumission portées par le règlement du 19 mai 1629. Les semestres assemblés le 21 janvier 1769.

Signé : MARSOLAN.

Collationné, certifié conforme et délivré par nous, Greffier en chef de la Cour des Comptes, soussigné, sur la demande de M. le Général Montholon.

Paris, le vingt-un avril mil huit cent trente-sept.

Signé : LASALLE.

GREFFE

—

2e division. Archives

—

N° 2900

—

LETTRES
de reconnaissance de noblessse
en faveur du Sieur
Mathieu de MONTHOLON

Au nombre des Documents provenant de l'ancienne chambre des Comptes de Paris et déposés dans les archives de la Cour, on trouve, Registres des chartres, volume 7, à la date d'enregistrement du 8 mars 1788, les lettres patentes dont la teneur suit :

Louis, par la grâce de Dieu, Roi de France et de Navarre, à nos amés et féaux conseillers, les gens tenant notre Cour de Parlement, Chambre des Comptes et Cour des Aides à Paris, Salut : Sur le compte qui nous a été rendu en notre conseil, des titres qui établissent l'ancienne noblesse de la maison de Montholon, qui s'est illustrée dans la profession des armes, et qui a fourni en 1542 et 1588 deux gardes des Sceaux de France, et du procès-verbal contenant l'avis des différens savans que notre très cher et très amé frère Monsieur, avait nommé pour vérifier les titres qui leur ont été remis, nous n'avons pu nous refuser à l'évidence de la preuve, qui en résulte, que les nom et maison de Montholon, sont très connus pour nobles, d'ancienne extraction, depuis l'année 1207 : en conséquence, nous avons rendu cejourd'hui en notre conseil, sur le vu desdits titres et du procès-verbal dressé le 22 septembre dernier, par les commissaires nommés, un arrêt par lequel en reconnaissant que les nom et maison de Montholon sont effectivement connus pour nobles d'ancienne extraction, depuis 1207, nous avons en même temps reconnu que la filiation, non interrompue de notre cher et bien amé le sieur Mathieu de Montholon, Marquis de Montholon, est prouvée par titres authentiques depuis 1323 jusqu'à lui, comme aussi nous avons autorisé son fils aîné et ses descendans mâles à perpétuité à prendre et porter à l'avenir le titre de Comte de Lée, nom qui était commun avec celui de Montholon, en conséquence, nous avons enjoint au généalogiste de nos ordres et à tous autres de lui délivrer tous certificats nécessaires ; et voulant faire jouir ledit sieur Marquis de Montholon et ses enfans, postérité et descendans nés et à naître, en légitime mariage, de l'effet dudit arrêt, nous lui faisons expédier nos lettres sur ce nécessaires. A ces causes de l'avis de notre Conseil, qui a vu ledit arrêt de ce jour, dont expédition est ci-attachée sous le contres-cel de notre Chancellerie, nous avons conformément à icelui reconnu et par ces présentes signées de notre main, reconnaissons que les nom et maison de Montholon sont connus pour nobles d'ancienne extraction, depuis l'année 1207, et que la filiation non interrompue dudit sieur Mathieu de Montholon, Marquis de Montholon, est prouvée par titres authentiques depuis 1523 jusqu'à lui ; comme aussi autorisons le fils aîné dudit sieur Marquis de Montholon et ses descendans mâles à perpétuité à prendre et porter à l'avenir le titre de Comte de Lée, nom qui était commun à ses ancêtres avec celui de Montholon ; en conséquence, enjoignons au généalogiste de nos ordres et à tous autres de lui délivrer tous certificats nécessaires de son ancienne noblesse de race. Si vous Mandons que ces présentes vous ayez à faire registrer, même en tems de vacations et du contenu en icelle, jouir et user, ledit sieur Marquis de Montholon et ses enfans, postérité et descendans, nés et à naître, en légitime mariage, cessant et faisant cesser tous troubles et empêchemens, et nonobstant toutes choses à ce contraires. Car tel est notre plaisir.

Donné à Versailles le sixième jour d'octobre, l'an de grâce mil sept cent quatre vingt-sept, et de notre règne le quatorzième.

Signé : LOUIS.

Au bas est écrit : Signé, Le baron de Breteuil. A côté est encore écrit : Registrées ce consentant le Procureur Général du Roi, pour jouir par l'impétrant de leur effet et contenu et être exécutées selon leur forme et teneur, suivant l'arrêt de ce jour à Paris en Parlement, le dix-neuf février mil sept cent quatre-vingt-huit.

Signé : ISABEAU.

Registrées en la Chambre des Comptes, ouï le Procureur Général du Roi, pour jouir par ledit Mathieu de Montholon, ses enfans, postérité et descendans, nés et à naître, en légitime mariage de l'effet et contenu en icelles, le 8 mars 1788.

Signé : MARSOLAN.

Collationné, signé : MARSOLAN.

Collationné, certifié conforme et délivré par nous Greffier en chef de la Cour des Comptes, soussigné, sur la demande de M. le Général Montholon.

Paris, le vingt-un avril mil huit cent trente-sept.

Signé : LASALLE.

Recherches et mémoires servans à l'histoire de l'ancienne ville et cité d'Autun, par feu Jean Munier... reveus et donnez au public par Claude Thiroux, conseiller du Roy, Vierg de ladite ville et cité d'Autun et Esleu des Estats de Bourgogne, Dijon, Philibert Chavance, 1660, 2 parties en 1 vol. in 4°.

Cet ouvrage a été arrêté volontairement par l'auteur à l'an 956, époque où mourut Gilbert, 4ᵉʳ duc de Bourgogne. Leugarde, fille puînée du duc Gilbert, épousa Otton frère de Hugues Capet. Il succéda à son beau-père comme duc de Bourgogne ; mais étant mort sans enfants, il transmit le duché à son neveu Robert, fils de Hugues Capet. Celui-ci devint roi de France. Voilà comment ce duché pour la première fois fut uny à la couronne de France.

Avant la première partie, et avec une pagination différente, existent 80 pages intitulées.

Eloges des hommes illustres de la ville d'Autun

Les pages 60, 61, 62 et 63 contiennent ce qui suit :

De la maison de Monthelon

Estienne de Monthelon qui espousa Marie de Ganay, tante du chancelier de Ganay (qui exerça cette charge sous le roy Charles VIII après avoir esté Conseiller et ensuite Président au Parlement de Paris), eut de ladite de Ganay Nicolas de Monthelon, Conseiller et Avocat du Roy au bailliage d'Autun, lequel espousa en premières nopces Pierrette Chappet fille du procureur du roy au mesme siège, et en secondes nopces Marguerite du May issüe d'une des plus considérables familles de la ville de Beaune ; desquelles il eut plusieurs enfants qui furent tous pourveus de belles charges et fort relevées ; ce qui a esté tousjours continué de père en fils jusques à présent, de sorte qu'il semble que ç'a esté par une grâce toute particulière de la divine providence qui a favorisé cette famille, de laquelle sont issus tant d'excellents personnages. Les enfants masles furent : Jean l'aisné, Docteur ès droits Canon et Civil, qui a composé ce docte livre appellé *Breviarium utriusque juris,* contenant deux volumes. Il estait grand Scholastic et nommé Cardinal, mais la mort prévint sa promotion. Le second fut François de Monthelon, l'oracle du premier parlement de France, qui ayant passé par tous les degrez d'honeur, comme d'advocat très fameux, de conseiller et président, enfin fut fait le chef de la Justice de France par ce roy très sage et généreux qui sçavoit bien faire le choix de doctes et vertueux personnages pour les faire sacrés dépositaires de sa justice. Ce grand homme ayant exercé la charge de Garde des Sceaux environ deux ans, laissa plusieurs fils. L'aisné desquels aussi nommé François de Monthelon, comme son père, fut eslevé en la même dignité : car Henry III, Roy de France et de Polongne, pendant la disgrâce du chancelier Hurault se servit de lui en cette qualité de Garde de Sceaux jusques à sa mort. Ainsi voilà deux Gardes des Sceaux en cette maison en moins de cinquante ans, depuis l'an 1542 jusques à l'année 1589. Le dernier desquels a laissé plusieurs enfants héritiers de sa vertu ainsi que de ses biens, tous pourveus de belles charges tant au spirituel qu'au temporel ; mais n'ay eu le bonheur d'estre parfaitement informé de leurs noms et qualitez. Guillaume, le troisième fils de Nicolas, se retira à Dijon, où il fut Conseiller à la Cour et laissa deux fils : L'un nommé Guillaume, lequel fit la profession d'advocat à la Cour de Parlement en cette haute réputation et grande gloire qui fut autresfois donnée aux premiers jurisconsultes du droict romain G. Aquilius, Scevola, Sulpitius, et autres, qui ne respiroient qu'à rendre la justice, et à retrancher plustôt les matières de procez et querelles que de les produire et les fomenter par avarice. Ayant esté fait Président sur la fin de ses jours par la libéralité du Roy Henry III, qui le vouloit reconnoistre de cet office pour une recôpense honorable de sa vertu et de ses soins employez pour le bien public. Il mourut bientôt après, et ne laissa point d'héritiers masles, mais seulement Damoiselle Françoise de Monthelon mariée à feu Messire Claude Bourgeois, seigneur de Crespy et d'Origny, père du comte d'Origny qui est à présent. Nicolas le puisné, qu'on pouvait avec beaucoup de justice qualifier le Caton de son temps (tant à cause de sa grande doctrine que de la gravité de ses mœurs), fut premièrement advocat très fameux en la mesme Cour, puis advocat du Roy, enfin second Président, lesquelles charges il a exercées avec tant d'innocence et de vertu qu'il s'est acquis une gloire qui ne mourra jamais. Il a laissé de Damoiselle.... un fils unique, vrayment héritier de toutes ses belles vertus et digne rejetton d'un si excellent père, lequel suivant les vestiges de ses prédécesseurs est entré par ce sainct temple de la vertu dans celui de l'honneur et de la gloire. N'en disons pas davantage crainte d'offenser sa modestie, puisqu'il est encore vivant, et que l'esclat de sa vertu le fait assez connoistre par son Souverain en tous les lieux où il plaist à Sa Majesté de l'employer. Nicolas, quatrième fils des enfants de Nicolas Ier, se contenta de vieillir en une médiocre fortune, sçavoir en l'office de Lieutenant-général ès Balliage et Chancellerie d'Autun, honneur alors fort estimé, en laquelle charge il mourut l'an 1545, sans laisser enfans du corps de Damoiselle Françoise Ladone, et est enterré en une chapelle qu'on appelle encore des Monthelons bastie en l'église cathédrale d'Autun sous l'invocation de saint Jean-Baptiste. Lazare le cinquième, se retira à Châlon où il fut Lieutenant-général du Balliage et laissa un fils nommé Philippe qui eut un autre fils baptisé sous le mesme nom de Lazare, lequel fut aussi Lieutenant-général et est mort en cette charge ayant laissé une seule héritière nommée Marie.... Le Feron, qui a dignement bien décrit le siège de Rhodes sous le roy François Ier, parle fort advantageusement d'un Charles de Monthelon d'Autun, qui servit grandement et de son conseil et de ses armes le maitre d'Amboise en ce mémorable siège. Il est facile de juger qu'il estoit frère de ceux-ci, attendu qu'il vivoit au mesme temps et qu'il ne se treuve point qu'il y en eut en la ville d'Autun d'autre que ce Nicolas Ier (qui décéda environ l'an 1496).

Aix. — Imprimerie J. NICOT, rue du Louvre, 16. — 7.597

www.ingramcontent.com/pod-product-compliance
Ingram Content Group UK Ltd.
Pitfield, Milton Keynes, MK11 3LW, UK
UKHW021119230726
13926UKWH00002B/552

9 782014 430653